Melodies Of Discovery: Bilingual German-English Stories For German Language Learners

Pomme Bilingual

Published by Pomme Bilingual, 2024.

MELODIES OF DISCOVERY: BILINGUAL GERMAN-ENGLISH STORIES FOR GERMAN LANGUAGE LEARNERS

First edition. July 11, 2024.

Table of Contents

Der mysteriöse Fall der verschwundenen Schlüssel

Es war ein angenehmer Samstagmorgen in der kleinen, beschaulichen Stadt Schöndorf, die sich, wie immer, ruhig und friedlich an den Ufern des malerischen Flusses erstreckte. Die Sonne schien warm auf die bunten Blumenbeete und die Vögel zwitscherten fröhlich. In diesem idyllischen Ambiente, das fast wie ein Gemälde anmutete, lebte Herr Rudolf Müller, ein pensionierter Lehrer und leidenschaftlicher Hobbydetektiv. Die Menschen in Schöndorf schätzten Herrn Müller nicht nur wegen seines freundlichen Lächelns, sondern auch wegen seiner beeindruckenden Fähigkeiten als Detektiv. Er hatte in der Vergangenheit schon einige Rätsel gelöst, wenn auch nur kleine und meist im Freundes- oder Familienkreis.

An diesem Samstag jedoch hatte sich ein besonders rätselhafter Fall ergeben, der seine volle Aufmerksamkeit forderte. Frau Hilda Riemann, eine alte Freundin und Nachbarin, war in Panik geraten. Ihre Schlüssel waren verschwunden – ein ärgerliches, aber keineswegs außergewöhnliches Problem, könnte man denken. Doch in diesem Fall war es anders. Frau Riemann war überzeugt, dass die Schlüssel nicht einfach verloren gegangen waren, sondern gestohlen worden waren.

„Rudolf, du musst mir helfen!", rief sie, als sie in seine gemütliche, mit antiken Möbeln und Regalen vollgestellte Stube stürmte. „Ich habe sie gestern Abend noch auf dem Tisch liegen lassen, und heute Morgen sind sie einfach verschwunden!"

Herr Müller setzte seine Lesebrille ab und blickte sie mit seiner freundlichen, aber nachdenklichen Miene an. „Nun, Hilda, lassen Sie uns nicht in Panik geraten. Es gibt sicherlich eine logische Erklärung. Erzählen Sie mir bitte alles, was Sie wissen."

Frau Riemann nickte hastig und begann zu erzählen. Sie berichtete, dass sie am Abend zuvor Gäste zum Tee gehabt hatte, darunter den örtlichen Apotheker, Herrn Schmitt, und die Bibliothekarin, Frau Klara Weber. Jeder von ihnen hatte seine eigene Besonderheit, die sich in der kleinen Stadt bereits herumgesprochen hatte.

Herr Schmitt war bekannt für seine Neigung, Dinge zu sammeln, insbesondere alte Bücher und seltene medizinische Abhandlungen. Frau Weber hingegen war eine leidenschaftliche Leserin und verbrachte ihre Zeit damit, alte Romane und literarische Schätze zu suchen. Beide waren Charaktere, die in der kleinen Stadt Schöndorf durchaus einen gewissen Ruf hatten, wenn auch eher harmloser Natur.

Nachdem Frau Riemann ihre Geschichte beendet hatte, machte sich Herr Müller auf den Weg zum Ort des Geschehens. In der Küche von Frau Riemann begutachtete er die Umgebung, um nach möglichen Hinweisen zu suchen. Der Raum war ordentlich, und die Tassen des Tees, der am Vorabend serviert worden war, standen noch auf dem Tisch. Ein Blick auf die Stelle, an der die Schlüssel gelegen hatten, zeigte nur die leere Fläche des Tischs.

Herr Müller wandte sich der Suche nach weiteren Hinweisen zu. Er bemerkte, dass ein kleines Schränkchen in der Ecke leicht geöffnet war, und untersuchte es sorgfältig. Nichts Ungewöhnliches war darin zu finden, nur einige alte Kochbücher und ein paar Küchenutensilien.

Während Herr Müller die Küche durchsuchte, klopfte es plötzlich an der Tür. Es war Herr Schmitt, der zu seiner gewohnten Zeit die Apotheke geschlossen hatte und auf dem Weg nach Hause war. „Guten Morgen, Herr Müller", sagte er freundlich. „Ich hoffe, ich störe nicht."

„Nicht im Geringsten, Herr Schmitt", erwiderte Herr Müller höflich. „Tatsächlich bin ich hier, um nach den verschwundenen Schlüsseln von Frau Riemann zu suchen."

Herr Schmitt sah überrascht aus, schien aber keine Anzeichen von Nervosität zu zeigen. „Oh, wie bedauerlich. Ich habe keine Ahnung, wo sie sein könnten. Am Abend war ich eher mit den Medikamenten beschäftigt und habe den Raum nicht besonders aufmerksam betrachtet."

Herr Müller nickte und bedankte sich, bevor er sich auf den Weg zur nächsten Station machte. Frau Weber war ebenfalls auf dem Weg zur Bibliothek und bot an, ihn dorthin zu begleiten. Im Gespräch mit ihr bemerkte Herr Müller, dass sie über die neuesten literarischen Werke und ihre seltenen Ausgaben sprach, ohne sich dabei in irgendeiner Weise von der Suche nach den Schlüsseln ablenken zu lassen.

Als sie die Bibliothek erreichten, erklärte Frau Weber, dass sie am Vorabend nur kurz zu Besuch gewesen sei, um sich nach einem neuen Buch umzusehen. Sie war sich sicher, dass sie die Schlüssel nicht gesehen habe, da sie sich nur auf die Bücherregale konzentriert hatte.

Herr Müller durchsuchte die Bibliothek gründlich, fand jedoch keinen Hinweis auf die verlorenen Schlüssel. Er sprach erneut mit Frau Weber und Herrn Schmitt, als er das Gefühl hatte, dass es noch etwas geben musste, das übersehen wurde.

Als die Dunkelheit hereinbrach, kehrte Herr Müller nach Hause zurück und ging noch einmal seine Notizen durch. Der Gedanke, dass die Schlüssel möglicherweise von jemandem gestohlen worden waren, der an diesem Abend zu Besuch gewesen war, ließ ihm keine Ruhe. Er beschloss, dass es Zeit für eine andere Art von Untersuchung war.

Am nächsten Morgen, als Herr Müller gerade seinen Kaffee genoss, klingelte es an der Tür. Es war Herr Schmitt, der eine Nachricht für ihn hatte. „Guten Morgen, Herr Müller. Es tut mir leid, dass ich nicht schon früher gesprochen habe. Ich habe eine seltsame Entdeckung gemacht."

„Was haben Sie gefunden, Herr Schmitt?", fragte Herr Müller neugierig.

Herr Schmitt zögerte einen Moment, bevor er weitersprach. „Als ich meine Apotheke aufräumte, stieß ich auf ein kleines, schweres Etui, das ich am Abend des Tees bei Frau Riemann gesehen hatte. Es stellte sich heraus, dass es sich um einen alten Schlüsselbund handelte. Ich wusste nicht, dass es sich um Frau Riemanns Schlüssel handelte."

Herr Müller nahm das Etui und öffnete es vorsichtig. Tatsächlich waren die vermissten Schlüssel darin zu finden. Es stellte sich heraus, dass Herr Schmitt versehentlich die Schlüssel in seine Tasche gesteckt hatte, als er das Etui bei sich genommen hatte, um es bei sich zu behalten.

Frau Riemann war überglücklich, ihre Schlüssel zurückzubekommen, und Herr Müller bedankte sich bei Herrn Schmitt für seine Ehrlichkeit und seine Bemühungen, das Problem zu lösen. Die kleine Stadt Schöndorf atmete erleichtert auf, und alle Beteiligten waren dankbar für die Lösung des kleinen, aber rätselhaften Falls.

In der stillen Reflexion dieses gelungenen Falls erkannte Herr Müller einmal mehr, dass in der kleinen Stadt Schöndorf jede noch so kleine Verwirrung oft mit Geduld und einer guten Portion Neugier gelöst werden konnte. Und so endete der mysteriöse Fall der verschwundenen Schlüssel mit einer Lektion, die jeder im Herzen der kleinen Stadt gut gebrauchen konnte.

The Mysterious Case of the Missing Keys

It was a pleasant Saturday morning in the small, quaint town of Schöndorf, which always stretched peacefully along the banks of the picturesque river. The sun shone warmly on the colorful flower beds, and the birds chirped cheerfully. In this idyllic setting, which resembled a painting, lived Mr. Rudolf Müller, a retired teacher and passionate amateur detective. The people of Schöndorf valued Mr. Müller not only for his friendly smile but also for his impressive detective skills. He had solved a few puzzles in the past, though mostly small ones within his circle of friends and family.

On this Saturday, however, a particularly puzzling case demanded his full attention. Mrs. Hilda Riemann, an old friend and neighbor, was in a state of panic. Her keys had disappeared—a frustrating but not unusual problem, one might think. But in this case, it was different. Mrs. Riemann was convinced that the keys had not simply been lost but stolen.

"Rudolf, you must help me!" she exclaimed as she burst into his cozy room, furnished with antique furniture and lined with bookshelves. "I left them on the table last night, and this morning they're simply gone!"

Mr. Müller removed his reading glasses and looked at her with his friendly but thoughtful expression. "Well, Hilda, let's not panic. There must be a logical explanation. Please tell me everything you know."

Mrs. Riemann nodded hastily and began to recount. She mentioned that she had had guests for tea the previous evening, including the local pharmacist, Mr. Schmitt, and the librarian, Ms. Klara Weber. Each of them had their own peculiarities, which were well-known in the small town of Schöndorf.

Mr. Schmitt was known for his penchant for collecting things, especially old books and rare medical treatises. Ms. Weber, on the other hand, was a passionate reader who spent her time hunting for old novels and literary treasures. Both were characters with a certain reputation in the small town, though their reputations were rather harmless.

After Mrs. Riemann had finished her story, Mr. Müller set off to the scene of the incident. In Mrs. Riemann's kitchen, he examined the surroundings for possible clues. The room was tidy, and the tea cups from the previous evening were still on the table. A glance at the spot where the keys had been showed only the empty surface of the table.

Mr. Müller turned his attention to searching for further clues. He noticed that a small cupboard in the corner was slightly open and examined it carefully. There was nothing unusual inside—just some old cookbooks and a few kitchen utensils.

While Mr. Müller was searching the kitchen, there was a knock at the door. It was Mr. Schmitt, who had just closed the pharmacy and was on his way home. "Good morning, Mr. Müller," he said cheerfully. "I hope I'm not disturbing you."

"Not at all, Mr. Schmitt," Mr. Müller replied politely. "In fact, I'm here to look into Mrs. Riemann's missing keys."

Mr. Schmitt looked surprised but showed no signs of nervousness. "Oh, how unfortunate. I have no idea where they could be. I was quite busy with the medications last night and didn't pay much attention to the room."

Mr. Müller nodded and thanked him before heading to the next location. Ms. Weber was also on her way to the library and offered to accompany him there. During their conversation, Mr. Müller noted that she spoke about the latest literary works and her search for rare editions without being distracted from the search for the keys.

When they arrived at the library, Ms. Weber explained that she had only briefly visited the evening before to look for a new book. She was certain she hadn't seen the keys, as she had been focused solely on the bookshelves.

Mr. Müller thoroughly searched the library but found no hint of the missing keys. He spoke again with Ms. Weber and Mr. Schmitt, feeling that there must be something that had been overlooked.

As darkness fell, Mr. Müller returned home and reviewed his notes once more. The thought that the keys might have been stolen by someone who had been visiting that evening troubled him. He decided it was time for a different kind of investigation.

The next morning, as Mr. Müller was enjoying his coffee, there was a knock at the door. It was Mr. Schmitt, bearing a message for him. "Good morning, Mr. Müller. I'm sorry I didn't come sooner. I made a peculiar discovery."

"What did you find, Mr. Schmitt?" Mr. Müller asked with interest.

Mr. Schmitt hesitated for a moment before continuing. "While I was tidying up my pharmacy, I came across a small, heavy case that I had seen at Mrs. Riemann's house the evening of the tea. It turned out to be an old keyring. I didn't realize it was Mrs. Riemann's keys."

Mr. Müller took the case and opened it carefully. Indeed, the missing keys were inside. It turned out that Mr. Schmitt had accidentally put the keys into his bag when he had taken the case with him, intending to keep it with him.

Mrs. Riemann was overjoyed to have her keys back, and Mr. Müller thanked Mr. Schmitt for his honesty and efforts in resolving the issue. The small town of Schöndorf breathed a sigh of relief, and all involved were grateful for the resolution of the small but mysterious case.

In the quiet reflection of this successful case, Mr. Müller realized once again that in the small town of Schöndorf, even the tiniest confusion could often be solved with patience and a good measure of curiosity. And so, the mysterious case of the missing keys ended with a lesson that everyone in the heart of the small town could appreciate.

Die verschollene Tasche von Frau Klinger

In der beschaulichen Stadt Kleinendorf, die von sanften Hügeln und üppigen Wäldern umgeben war, lebte eine Dame namens Anna Klinger. Anna war eine wohlgeachtete Frau in der Stadt, bekannt für ihre exzellenten Kochkünste und ihre liebevolle Art. Ihre Heimat war ein charmantes, leicht chaotisches Häuschen, in dem sich eine beeindruckende Sammlung von Kochbüchern, Antiquitäten und Familienerbstücken befand. Ihr Leben verlief in ruhigen Bahnen, und ihre Tage waren von Besorgungen, Kuchenbacken und gelegentlichen Besuchen im örtlichen Markt geprägt.

Eines sonnigen Morgens jedoch sollte sich Annas ruhiges Leben ändern. Als sie sich darauf vorbereitete, den Markttag zu beginnen, stellte sie mit Schrecken fest, dass ihre teure Ledertasche verschwunden war. Diese Tasche war nicht nur ein wertvolles Accessoire, sondern auch ein Geschenk ihrer verstorbenen Mutter, das sie stets als Erinnerung an die Familie trug. In der Tasche befanden sich ihre wichtigsten Utensilien: ein paar wertvolle Schmuckstücke, ihre Geldbörse und einige persönliche Dokumente.

Panisch durchsuchte Anna das ganze Haus. Sie prüfte jeden Raum, schüttelte Kissen und durchstöberte ihre Schränke, aber die Tasche blieb verschwunden. Verzweifelt wandte sie sich an ihre beste Freundin, Frau Gertrud Feldmann, die eine ebenfalls geschätzte Bürgerin von Kleinendorf war und für ihre kluge und besonnene Art bekannt war.

„Gertrud, ich habe ein ernstes Problem," sagte Anna, als sie bei Frau Feldmann klingelte. „Meine Tasche ist verschwunden, und ich habe keinen blassen Schimmer, wo sie sein könnte. Das ist einfach unmöglich!"

Frau Feldmann, die gerade dabei war, ihre sonntäglichen Marmeladen zu kochen, sah Anna mit einer Mischung aus Mitgefühl und Neugier an. „Nun, Anna, lass uns keine Zeit verlieren. Vielleicht kann ich dir helfen. Erzähl mir bitte genau, was passiert ist."

Anna erzählte, dass sie die Tasche am Abend zuvor noch auf ihrem Esstisch gesehen hatte, als sie sich auf einen gemütlichen Abend mit einem Buch vorbereitete. Am Morgen war sie jedoch einfach nicht mehr dort. Frau Feldmann bot sofort ihre Unterstützung an und schlug vor, dass sie gemeinsam die Umgebung durchsuchen sollten.

Gemeinsam durchsuchten die beiden Frauen das Haus. Sie betrachteten den Esstisch, schauten sich den Flur an und untersuchten die Küche. Alles schien in Ordnung zu sein, bis Frau Feldmann zufällig den kleinen Tisch in der Ecke des Wohnzimmers bemerkte. Darauf lag ein altes Buch, das sie sofort ansprach. „Anna, schau dir das an. Das Buch sieht aus, als ob es schon seit Jahren hier liegt."

Anna ging näher und betrachtete das Buch. Es war ein altes Kochbuch, das sie seit Jahren nicht mehr benutzt hatte. Beim Durchblättern des Buches stieß sie auf einen losen Zettel, der zwischen den Seiten feststeckte. Es war ein Zettel mit einer geheimnisvollen Nachricht: „Ich habe das gefunden, als ich bei dir war. Es gehört dir."

Anna war völlig perplex. „Wer könnte das geschrieben haben?" fragte sie, während sie den Zettel näher betrachtete.

Frau Feldmann überlegte kurz und sagte dann: „Das ist seltsam. Hast du vielleicht jemandem erlaubt, hierher zu kommen oder dein Haus zu betreten?"

Anna überlegte angestrengt und erinnerte sich schließlich, dass sie am Tag vor dem Verschwinden der Tasche einige Besucher gehabt hatte: Herr Schuster, der örtliche Handwerker, der eine kleine Reparatur vorgenommen hatte, und die junge Emma, die als Haushaltshelferin arbeitete. Es war möglich, dass einer von ihnen etwas gesehen oder vielleicht sogar versehentlich etwas bewegt hatte.

„Lass uns mit Herrn Schuster anfangen," schlug Frau Feldmann vor. „Vielleicht können wir ihn fragen, ob er etwas bemerkt hat."

Die beiden Frauen machten sich auf den Weg zu Herrn Schusters Werkstatt, die am Rande der Stadt lag. Herr Schuster war ein freundlicher, wenn auch etwas zerstreuter Mann, der mit seinen Werkzeugen und seinen Reparaturen beschäftigt war. Als sie eintraten, begrüßte er sie freundlich.

„Guten Tag, Frau Feldmann, Frau Klinger. Was kann ich für euch tun?" fragte Herr Schuster, während er eine alte Uhr reparierte.

„Guten Tag, Herr Schuster," begann Frau Feldmann. „Anna hat ein kleines Problem. Ihre Tasche ist verschwunden, und wir wollten fragen, ob Sie vielleicht etwas gesehen haben, als Sie letzte Woche hier waren."

Herr Schuster sah nachdenklich aus und kratzte sich am Kopf. „Nun, ich erinnere mich, dass ich mich um die Reparatur der Tür gekümmert habe. Alles war in Ordnung, als ich gegangen bin. Aber ich muss gestehen, dass ich die Tasche nicht gesehen habe. Ich bin mir ziemlich sicher, dass ich nichts Ungewöhnliches bemerkt habe."

Frau Feldmann bedankte sich und sie gingen weiter, um Emma zu besuchen. Emma war eine junge, aufmerksame und ehrgeizige Frau, die in den letzten Wochen bei Anna gearbeitet hatte. Als sie eintraten, empfing Emma sie mit einem freundlichen Lächeln.

„Guten Tag, Frau Feldmann, Frau Klinger," sagte sie. „Wie kann ich euch helfen?"

„Emma, wir haben ein kleines Problem," begann Frau Feldmann. „Anna hat ihre Tasche verloren und wir wollten wissen, ob du vielleicht etwas gesehen hast, als du letzte Woche hier gearbeitet hast."

Emma schüttelte den Kopf. „Es tut mir leid, aber ich habe nichts gesehen. Ich habe die ganze Zeit in der Küche gearbeitet und habe den Rest des Hauses nicht betreten."

„Das ist verständlich," sagte Frau Feldmann. „Vielleicht gibt es noch eine andere Möglichkeit."

Die beiden Frauen kehrten zu Annas Haus zurück und beschlossen, noch einmal gründlich nach Hinweisen zu suchen. Dabei fiel ihnen auf, dass ein Fenster im Wohnzimmer leicht geöffnet war. Frau Feldmann, die ein scharfes Auge für Details hatte, deutete darauf hin.

„Vielleicht hat jemand das Fenster geöffnet, um hereinzuschauen. Das könnte ein Hinweis darauf sein, dass jemand versucht hat, in dein Haus einzudringen."

Anna überlegte. „Ich habe das Fenster nie offen gelassen. Es ist immer sicher verschlossen. Vielleicht gibt es eine andere Erklärung."

Als sie sich erneut im Wohnzimmer umschauten, bemerkten sie eine kleine Schachtel auf einem Regal. Die Schachtel war nicht groß, aber sie wirkte verstaubt und alt. Frau Feldmann öffnete sie vorsichtig und fand darin einige alte Briefe und Dokumente. Unter diesen Dokumenten war ein weiterer Zettel, der auf die Frage nach der verschwundenen Tasche einen entscheidenden Hinweis gab.

„Anna, schau dir das an," sagte Frau Feldmann. „Hier steht: ‚Die Tasche wurde versehentlich in die alte Schachtel gelegt.'"

Anna war erstaunt. „Das muss ein Hinweis von jemandem sein, der die Schachtel benutzt hat. Vielleicht hat jemand die Tasche unbeabsichtigt dort hineingelegt."

Mit diesem neuen Ansatz begann Anna, die Schachtel genauer zu untersuchen. Sie fand einen kleinen Schlüssel, der zu einem alten Schrank im Schlafzimmer passte. Als sie den Schrank öffnete, fand sie die vermisste Tasche, die perfekt darin verstaut war.

Die Erleichterung war groß, als Anna die Tasche wieder in den Händen hielt. Sie hatte alles, was sie benötigte: ihre wertvollen Schmuckstücke, ihre Geldbörse und alle wichtigen Dokumente. Es stellte sich heraus, dass die Tasche versehentlich in die Schachtel gelegt worden war, als Emma einige Sachen zum Aufräumen wegräumte.

Anna bedankte sich herzlich bei Frau Feldmann für ihre Hilfe und entschuldigte sich bei Emma für das Missverständnis. Die junge Haushaltshelferin war erleichtert, dass es sich nur um ein Missverständnis gehandelt hatte und versprach, in Zukunft noch sorgfältiger zu sein.

Die Geschichte von der verschollenen Tasche wurde in Kleinendorf ein kleines Gesprächsthema, und die Menschen freuten sich über die gelungene Aufklärung des kleinen Rätsels. Frau Klinger konnte ihren Markttag wie geplant fortsetzen, und das Leben in der kleinen Stadt kehrte zur Normalität zurück.

In der Stille der Reflexion über das gelöste Rätsel erkannte Anna Klinger, dass selbst die kleinsten Probleme oft mit Geduld und einem scharfen Blick gelöst werden können. Und so endete die Geschichte von der verschwundenen Tasche, die allen in der beschaulichen Stadt Kleinendorf eine wertvolle Lektion erteilte.

Mrs. Klinger's Missing Bag

In the quaint town of Kleinendorf, surrounded by gentle hills and lush forests, lived a lady named Anna Klinger. Anna was a respected woman in town, known for her excellent cooking skills and her kind nature. Her home was a charming, slightly chaotic cottage, filled with an impressive collection of cookbooks, antiques, and family heirlooms. Her life ran in peaceful routines, marked by errands, baking cakes, and occasional visits to the local market.

One sunny morning, however, Anna's quiet life was disrupted. As she prepared for the market day, she was horrified to discover that her valuable leather bag was missing. This bag was not only a precious accessory but also a gift from her late mother, which she always carried as a memento of her family. Inside the bag were her essential items: some valuable jewelry, her wallet, and a few personal documents.

In a state of panic, Anna searched the entire house. She checked every room, shook cushions, and rummaged through her cupboards, but the bag remained missing. Desperate, she turned to her best friend, Mrs. Gertrud Feldmann, who was also a respected citizen of Kleinendorf, known for her wise and composed nature.

"Gertrud, I have a serious problem," Anna said when she rang Mrs. Feldmann's doorbell. "My bag is missing, and I have no idea where it could be. This is simply impossible!"

Mrs. Feldmann, who was in the midst of preparing her Sunday jams, looked at Anna with a mix of sympathy and curiosity. "Well, Anna, let's not waste any time. Perhaps I can help you. Please tell me exactly what happened."

Anna explained that she had seen the bag on her dining table the previous evening as she prepared for a cozy night with a book. However, by the morning, it was simply gone. Mrs. Feldmann immediately offered her assistance and suggested that they search the premises together.

The two women searched the house thoroughly. They examined the dining table, looked over the hallway, and checked the kitchen. Everything seemed to be in order until Mrs. Feldmann happened to notice a small table in the corner of the living room. On it lay an old book that immediately caught her attention. "Anna, look at this. The book looks like it's been here for years."

Anna approached and examined the book. It was an old cookbook that she hadn't used in years. As she leafed through the book, she came across a loose note stuck between the pages. It was a note with a mysterious message: "I found this while I was at your place. It belongs to you."

Anna was completely perplexed. "Who could have written this?" she asked, studying the note closely.

Mrs. Feldmann thought for a moment and then said, "This is strange. Did you perhaps allow someone to come in or enter your house?"

Anna thought hard and recalled that she had had some visitors the day before the bag disappeared: Mr. Schuster, the local handyman who had done a small repair, and young Emma, who worked as a housekeeper. It was possible that one of them had seen something or perhaps accidentally moved something.

"Let's start with Mr. Schuster," suggested Mrs. Feldmann. "Maybe we can ask him if he noticed anything."

The two women made their way to Mr. Schuster's workshop, located on the edge of town. Mr. Schuster was a friendly but somewhat absent-minded man, busy with his tools and repairs. When they entered, he greeted them warmly.

"Good day, Mrs. Feldmann, Mrs. Klinger. How can I help you?" he asked, while repairing an old clock.

"Good day, Mr. Schuster," began Mrs. Feldmann. "Anna has a little problem. Her bag is missing, and we wanted to know if you might have seen anything when you were here last week."

Mr. Schuster looked thoughtful and scratched his head. "Well, I remember taking care of the door repair. Everything was fine when I left. But I must admit, I didn't see the bag. I'm pretty sure I didn't notice anything unusual."

Mrs. Feldmann thanked him, and they proceeded to visit Emma. Emma was a young, attentive, and ambitious woman who had worked for Anna in recent weeks. When they arrived, Emma greeted them with a friendly smile.

"Good day, Mrs. Feldmann, Mrs. Klinger," she said. "How can I help you?"

"Emma, we have a little problem," Mrs. Feldmann began. "Anna has lost her bag, and we wanted to know if you might have seen anything when you worked here last week."

Emma shook her head. "I'm sorry, but I didn't see anything. I was working in the kitchen the whole time and didn't enter the rest of the house."

"That's understandable," said Mrs. Feldmann. "Perhaps there is another possibility."

The two women returned to Anna's house and decided to search thoroughly for clues once more. During their search, they noticed that a window in the living room was slightly open. Mrs. Feldmann, with her keen eye for detail, pointed it out.

"Maybe someone opened the window to look inside. This could be a clue that someone tried to intrude into your house."

Anna thought about it. "I never leave the window open. It's always securely closed. Perhaps there is another explanation."

As they looked around the living room again, they noticed a small box on a shelf. The box wasn't large, but it looked dusty and old. Mrs. Feldmann carefully opened it and found some old letters and documents inside. Among these documents was another note, which provided a crucial clue about the missing bag.

"Anna, look at this," said Mrs. Feldmann. "It says: 'The bag was accidentally placed in the old box.'"

Anna was astonished. "This must be a clue from someone who used the box. Perhaps someone accidentally put the bag there."

With this new approach, Anna began to examine the box more closely. She found a small key that fit an old wardrobe in the bedroom. When she opened the wardrobe, she found the missing bag, neatly stored inside.

The relief was immense as Anna held the bag again. It contained everything she needed: her valuable jewelry, her wallet, and all important documents. It turned out that the bag had been accidentally placed in the box when Emma was tidying up.

Anna thanked Mrs. Feldmann warmly for her help and apologized to Emma for the misunderstanding. The young housekeeper was relieved that it was just a mix-up and promised to be more careful in the future.

The story of the missing bag became a small topic of conversation in Kleinendorf, and the townsfolk were pleased with the resolution of the little mystery. Mrs. Klinger was able to continue her market day as planned, and life in the small town returned to normal.

In the quiet reflection on the solved puzzle, Anna Klinger realized that even the smallest problems could often be solved with patience and a sharp eye. And so, the story of the missing bag ended with a lesson that everyone in the charming town of Kleinendorf could appreciate.

Der Fall der verschwunden Rezeptbox

In der kleinen Stadt Lichtenberg, wo die Zeit manchmal schien, stillzustehen, lebte eine resolute Dame namens Helene Baumgartner. Helene war bekannt für ihre freundliche Art und ihre Leidenschaft für das Kochen. Ihre Küche war ein Ort der Freude, in dem sie mit großer Hingabe ihre berühmten Rezepte zubereitete. Besonders stolz war sie auf ihre handgeschriebene Rezeptbox, die über Generationen in ihrer Familie weitergegeben worden war.

Eines sonnigen Morgens, als Helene sich auf den Weg zum Markt machte, stellte sie mit Entsetzen fest, dass ihre Rezeptbox verschwunden war. Diese Box war nicht nur ein einfacher Aufbewahrungsort für Rezepte, sondern ein wertvoller Schatz ihrer Familie, der alle Geheimnisse ihrer köstlichen Gerichte enthielt. In der Box waren unersetzliche Rezepte von ihrer Großmutter, die sie schon seit vielen Jahren sammelte.

Panisch durchsuchte Helene ihr ganzes Haus. Sie durchwühlte Schränke, suchte unter Betten und überprüfte jede Ecke ihrer Küche. Die Box war nirgends zu finden. Verzweifelt wandte sie sich an ihre Nachbarin, Frau Emma Schneider, eine ebenso geschätzte Persönlichkeit der Stadt, die für ihre Fähigkeit bekannt war, jede noch so kleine Herausforderung zu meistern.

„Emma, ich brauche dringend deine Hilfe," rief Helene aus, als sie bei ihrer Nachbarin klopfte. „Meine Rezeptbox ist verschwunden, und ich habe keine Ahnung, wo sie sein könnte. Es ist einfach unmöglich!"

Frau Schneider, die gerade in ihrem Garten arbeitete, sah Helene mit einem verständnisvollen Blick an. „Helene, lass uns keine Zeit verlieren. Vielleicht kann ich dir helfen. Erzähl mir bitte genau, was passiert ist."

Helene erklärte, dass sie die Rezeptbox am Abend zuvor auf ihrem Küchentisch gesehen hatte, als sie sich auf einen gemütlichen Abend vorbereitete. Am Morgen war sie jedoch nicht mehr da. Frau Schneider bot sofort ihre Hilfe an und schlug vor, dass sie gemeinsam das Haus und die Umgebung durchsuchen sollten.

Gemeinsam durchsuchten sie das Haus, begannen in der Küche und arbeiteten sich durch das gesamte Wohnzimmer. Während sie suchten, kamen sie auf eine kleine, fast unscheinbare Schachtel auf dem Regal. „Das ist seltsam," bemerkte Frau Schneider, als sie die Schachtel näher betrachtete. „Hier scheint etwas ungewöhnlich zu sein."

Helene näherte sich der Schachtel und öffnete sie vorsichtig. Darin fanden sie einige alte Rechnungen und eine lose Notiz, die einen Hinweis auf das Verschwinden der Rezeptbox geben könnte. Die Notiz war in hastiger Schrift geschrieben und lautete: „Die Box wurde versehentlich bei den alten Unterlagen eingepackt."

„Das ist rätselhaft," sagte Helene und studierte die Notiz genau. „Wer könnte so etwas getan haben?"

Frau Schneider überlegte einen Moment und sagte dann: „Vielleicht gibt es jemanden in der Stadt, der etwas über die Unterlagen weiß oder sie gesehen hat. Vielleicht können wir bei der Stadtverwaltung nachfragen."

Sie machten sich auf den Weg zur Stadtverwaltung, die im Zentrum von Lichtenberg lag. Der Stadtschreiber, Herr Müller, war ein freundlicher, wenn auch etwas zerstreuter Mann, der den Bürgern stets hilfsbereit zur Seite stand. Als sie eintraten, begrüßte er sie mit einem Lächeln.

„Guten Tag, Frau Schneider, Frau Baumgartner. Wie kann ich Ihnen behilflich sein?"

„Guten Tag, Herr Müller," begann Frau Schneider. „Helene hat ein Problem. Ihre Rezeptbox ist verschwunden, und wir haben herausgefunden, dass sie möglicherweise versehentlich bei den alten Unterlagen eingepackt wurde. Haben Sie zufällig etwas über diese Unterlagen gehört?"

Herr Müller dachte nach und schüttelte dann den Kopf. „Nun, wir haben kürzlich einige alte Dokumente aus dem Archiv geholt, um Platz für neue Akten zu schaffen. Vielleicht könnte eine von diesen Unterlagen mit Ihrer Box verwechselt worden sein. Lassen Sie uns einen Blick in die Archive werfen."

Gemeinsam durchsuchten sie die Archive, die voller Staub und alter Dokumente waren. Es war eine mühsame Arbeit, aber nach einiger Zeit fanden sie tatsächlich eine Box mit alten Unterlagen, die den Hinweis auf die Rezeptbox bestätigten. Die Box war in einem eher unscheinbaren Raum gelagert worden, zusammen mit anderen Dokumenten aus einer vergangenen Zeit.

„Das ist sie," sagte Herr Müller, als sie die Box entdeckten. „Es scheint, dass die Rezeptbox wirklich hier gelandet ist."

Helene öffnete die Box vorsichtig und fand ihre geliebte Rezeptbox, die zwischen alten Papieren versteckt war. Erleichtert nahm sie die Box in die Hand und betrachtete sie mit einem Lächeln. „Das ist eine große Erleichterung," sagte sie und bedankte sich bei Herrn Müller und Frau Schneider.

„Es freut mich, dass wir helfen konnten," sagte Frau Schneider freundlich. „Manchmal sind die Lösungen näher, als man denkt."

Mit der zurückgewonnenen Rezeptbox kehrte Helene in ihr Haus zurück. Sie schätzte die Box noch mehr, nachdem sie gesehen hatte, wie wichtig sie für ihre Familie war. In den kommenden Tagen bereitete sie ihre berühmten Gerichte mit noch mehr Liebe und Hingabe zu und dachte oft an das kleine Abenteuer zurück, das sie durchlebt hatte.

In der kleinen Stadt Lichtenberg wurde die Geschichte von der verschwundenen Rezeptbox zu einem kleinen Gesprächsgegenstand, und die Bewohner freuten sich über die glückliche Wendung des Ereignisses. Helene konnte sich wieder ganz dem Kochen und den Freuden des Lebens widmen, und das Leben in der Stadt nahm seinen gewohnten Lauf.

In der stillen Reflexion über das gelöste Rätsel erkannte Helene Baumgartner einmal mehr, dass Geduld und ein offenes Ohr oft die besten Mittel sind, um selbst die kleinsten Probleme zu lösen. So endete der Fall der verschwundenen Rezeptbox mit einer wertvollen Lektion, die alle in der beschaulichen Stadt Lichtenberg zu schätzen wussten.

The Case of the Missing Recipe Box

In the small town of Lichtenberg, where time sometimes seemed to stand still, lived a determined lady named Helene Baumgartner. Helene was known for her friendly demeanor and her passion for cooking. Her kitchen was a place of joy, where she prepared her famous recipes with great dedication. She was particularly proud of her handwritten recipe box, which had been passed down through generations in her family.

One sunny morning, as Helene was preparing to go to the market, she was horrified to discover that her recipe box was missing. This box was not just an ordinary container for recipes but a precious family heirloom that contained all the secrets of her delicious dishes. Inside the box were irreplaceable recipes from her grandmother that she had been collecting for many years.

In a state of panic, Helene searched her entire house. She rummaged through cupboards, looked under beds, and checked every corner of her kitchen. The box was nowhere to be found. Desperate, she turned to her neighbor, Mrs. Emma Schneider, a respected figure in town known for her ability to handle any challenge with grace.

"Emma, I need your help urgently," Helene exclaimed as she knocked on her neighbor's door. "My recipe box is missing, and I have no idea where it could be. This is simply impossible!"

Mrs. Schneider, who was working in her garden, looked at Helene with a sympathetic expression. "Helene, let's not waste any time. Perhaps I can help you. Please tell me exactly what happened."

Helene explained that she had seen the recipe box on her kitchen table the evening before as she prepared for a cozy night. However, by the morning, it was simply gone. Mrs. Schneider immediately offered her assistance and suggested that they search the house and the surrounding area together.

Together, they searched the house, starting in the kitchen and working their way through the living room. While searching, they came across a small, almost inconspicuous box on a shelf. "This is odd," Mrs. Schneider remarked as she examined the box more closely. "There seems to be something unusual about this."

Helene approached the box and opened it carefully. Inside, they found some old receipts and a loose note that might provide a clue about the missing recipe box. The note was written in hasty handwriting and read: "The box was accidentally packed with the old documents."

"This is puzzling," said Helene, studying the note closely. "Who could have done something like this?"

Mrs. Schneider thought for a moment and then said, "Perhaps there's someone in town who knows about these documents or has seen them. Maybe we should inquire at the town hall."

They made their way to the town hall, located in the center of Lichtenberg. The town clerk, Mr. Müller, was a friendly but somewhat absent-minded man who always tried to be helpful to the townspeople. When they entered, he greeted them with a smile.

"Good day, Mrs. Schneider, Mrs. Baumgartner. How can I assist you?"

"Good day, Mr. Müller," began Mrs. Schneider. "Helene has a problem. Her recipe box is missing, and we found out that it might have been accidentally packed with the old documents. Have you heard anything about these documents?"

Mr. Müller thought for a moment and then shook his head. "Well, we recently retrieved some old documents from the archive to make room for new files. Perhaps one of these documents was mixed up with your box. Let's take a look in the archives."

Together, they searched the archives, which were filled with dust and old documents. It was a laborious task, but after some time, they did indeed find a box with old papers that confirmed the clue about the recipe box. The box had been stored in a rather unremarkable room along with other documents from a bygone era.

"There it is," said Mr. Müller, as they discovered the box. "It seems that the recipe box really ended up here."

Helene carefully opened the box and found her beloved recipe box hidden among the old papers. Relieved, she took the box in her hands and smiled at it. "What a great relief," she said, thanking Mr. Müller and Mrs. Schneider.

"I'm glad we could help," said Mrs. Schneider kindly. "Sometimes the solutions are closer than you think."

With the recipe box safely back in her possession, Helene returned to her house. She cherished the box even more after realizing its importance to her family. In the days that followed, she prepared her famous dishes with even more love and dedication and often reflected on the small adventure she had gone through.

In the small town of Lichtenberg, the story of the missing recipe box became a minor topic of conversation, and the townspeople were pleased with the happy resolution of the event. Helene was able to return to her cooking and the joys of life, and life in the town resumed its usual course.

In the quiet reflection on the resolved mystery, Helene Baumgartner once again realized that patience and an open ear are often the best means to solve even the smallest problems. Thus ended the case of the missing recipe box with a valuable lesson that everyone in the charming town of Lichtenberg appreciated.

Die Abenteuer von Felix, der Katzer

In der beschaulichen Stadt Neuendorf lebte ein äußerst außergewöhnlicher Kater namens Felix. Felix war keine gewöhnliche Katze. Sein Fell war von einem eleganten Grau, das fast wie ein schimmerndes Silber glänzte, und seine Augen hatten die Farbe von geschmolzenem Gold. Trotz seines edlen Aussehens war Felix bekannt für seine bodenständige Art und seine faszinierenden Abenteuer, die er regelmäßig in der Stadt erlebte.

Die Stadt Neuendorf war von idyllischer Schönheit geprägt. Sie war klein genug, um die meiste Zeit still und friedlich zu sein, aber groß genug, um immer etwas Neues zu bieten. Die Bewohner schätzten Felix sehr und betrachteten ihn fast wie einen Teil ihrer Familie. Jeder in der Stadt wusste, dass Felix ein Herz für das Abenteuer hatte, aber auch ein Auge für das Alltägliche, was ihn zu einem besonderen Begleiter machte.

Eines sonnigen Morgens erwachte Felix in seinem Lieblingsplatz, einem alten Korbstuhl auf der Veranda von Frau Elsie Schmidt, einer wohlhabenden älteren Dame, die ihn regelmäßig mit frischem Fisch und einem Ohr für seine Katzenprobleme versorgte. Frau Schmidt schätzte Felix sehr und wusste, dass er ihre beste Gesellschaft war. Heute jedoch hatte Felix ein besonderes Gefühl; es war ein Tag für ein neues Abenteuer.

Felix streckte sich ausgiebig, ließ sich auf den Boden plumpsen und begann, seine Umgebung aufmerksam zu erkunden. Er entschied sich, seinen Spaziergang durch die Stadt zu machen, aber nicht den gewohnten Weg entlang der ruhigen Straßen. Stattdessen nahm er den kleinen Pfad, der zu einem alten, geheimnisvollen Teil der Stadt führte, den die meisten Menschen kaum noch beachteten.

Der Pfad führte Felix zu einem kleinen, versteckten Garten, der von dichten Sträuchern und Bäumen umgeben war. Hier, in diesem Garten, wuchs eine Vielzahl von Pflanzen und Blumen, die ihn sofort faszinierte. Felix schlich vorsichtig zwischen den Pflanzen hindurch, seine goldenen Augen funkelten vor Neugier. Plötzlich bemerkte er eine kleine, verborgene Tür in der Gartenmauer. Die Tür war alt und schien seit vielen Jahren nicht mehr geöffnet worden zu sein. Felix' Abenteuerlust wurde geweckt.

Mit einer Mischung aus Entschlossenheit und Eleganz schob Felix die Tür auf und fand sich in einem weiteren Gartenabschnitt wieder, der ihm völlig unbekannt war. Dieser Teil des Gartens war noch mysteriöser und geheimnisvoller. Hier wuchsen seltene Pflanzen, und es roch nach einer Mischung aus alten Zeiten und verborgenen Geheimnissen. In der Mitte des Gartens stand ein großer, alter Baum mit einer weit ausladenden Krone. Unter dem Baum entdeckte Felix etwas, das seine Aufmerksamkeit erregte – eine alte, verstaubte Truhe.

Felix näherte sich der Truhe mit einem Gefühl der Vorfreude. Er schob den Deckel vorsichtig auf und fand darin eine Sammlung von alten Briefen und Notizen. Die Briefe waren in einer sehr eleganten Handschrift geschrieben und schienen Geschichten aus einer vergangenen Zeit zu erzählen. Felix, obwohl er keine Ahnung von der menschlichen Sprache hatte, konnte spüren, dass diese Briefe eine Bedeutung hatten, die weit über das Hier und Jetzt hinausging.

Während Felix die Briefe durchstöberte, hörte er plötzlich eine Stimme hinter sich. „Oh, was haben wir hier? Ein unerwarteter Besucher in unserem Garten?"

Felix drehte sich um und sah einen freundlichen, älteren Herrn, der sich durch die Gartenpforte schob. Es war Herr Albert Müller, ein ehemaliger Historiker, der vor vielen Jahren in Neuendorf gelebt hatte und nun wieder in die Stadt zurückgekehrt war. Herr Müller war bekannt für seine Liebe zur Geschichte und seine Neugier auf alte Geheimnisse.

„Guten Tag, mein kleiner Freund," sagte Herr Müller, als er Felix erblickte. „Ich sehe, du hast einen Schatz gefunden. Darf ich mich zu dir gesellen?"

Felix schnurrte zustimmend und schien zu verstehen, dass Herr Müller jemand war, der mehr über die geheimnisvollen Briefe wissen könnte. Der Historiker setzte sich neben Felix und begann, die Briefe zu studieren.

„Diese Briefe stammen aus der Zeit des ersten Weltkriegs," erklärte Herr Müller nach einer Weile. „Sie erzählen von einem alten Familiengeheimnis, das in Neuendorf verwahrt wurde. Es scheint, dass es um eine versteckte Schatzkarte geht, die in unserer Stadt verborgen ist."

Felix sah Herrn Müller neugierig an. Auch wenn er nicht verstand, worum es ging, war er sichtlich interessiert an dem, was kommen würde. Herr Müller erklärte weiter, dass die Briefe Hinweise auf den Ort des Schatzes enthalten könnten, und dass es ein Abenteuer sein würde, ihn zu finden.

Gemeinsam machten sich Felix und Herr Müller auf, um den Hinweisen aus den Briefen zu folgen. Die Reise führte sie durch die Straßen von Neuendorf, vorbei an alten Gebäuden und historischen Stätten. Sie suchten nach weiteren Hinweisen, die ihnen helfen könnten, die Schatzkarte zu entschlüsseln.

Ihre Suche brachte sie schließlich zu einer alten Buchhandlung am Rande der Stadt. Die Buchhandlung war bekannt für ihre seltenen und antiken Bücher und wurde von der freundlichen, aber exzentrischen Frau Johanna Richter geführt. Frau Richter war bekannt dafür, dass sie sich um die Schätze ihrer Buchsammlung kümmerte und ein umfangreiches Wissen über alte Manuskripte und Dokumente hatte.

„Guten Tag, Frau Richter," begann Herr Müller, als sie die Buchhandlung betraten. „Wir suchen nach einem speziellen Hinweis, der uns bei der Entschlüsselung eines alten Familiengeheimnisses helfen könnte. Haben Sie zufällig etwas, das uns weiterhelfen könnte?"

Frau Richter lächelte geheimnisvoll und führte sie zu einem Regal mit alten und seltenen Büchern. „Vielleicht findet ihr hier etwas, das euch von Nutzen sein könnte. Schaut euch diese Bücher einmal genauer an."

Felix und Herr Müller durchstöberten die Bücherregale und fanden schließlich ein altes Buch mit dem Titel „Die verborgenen Schätze Neuendorfs". Als sie das Buch öffneten, entdeckten sie eine handgezeichnete Karte, die auf den ersten Blick wie ein gewöhnliches Stück Papier wirkte, aber beim genaueren Hinsehen einen Hinweis auf den Schatz zu enthalten schien.

„Das ist es," sagte Herr Müller aufgeregt. „Diese Karte scheint uns zu dem Ort zu führen, den wir suchen. Lasst uns diesen Ort finden."

Der Hinweis auf der Karte führte sie zu einem alten, verfallenen Gebäude am Rand der Stadt, das einst eine Schule gewesen war. Der Ort war von hohen Grasbüscheln und verwitterten Wänden umgeben, die den Eingang verdeckten. Felix und Herr Müller kämpften sich durch das Dickicht und entdeckten schließlich eine verborgene Tür im Boden.

Mit viel Mühe und Geduld öffneten sie die Tür und fanden eine alte, staubige Kammer darunter. In der Kammer befand sich eine weitere Truhe, die offensichtlich schon seit vielen Jahren nicht mehr geöffnet worden war. Als sie die Truhe öffneten, fanden sie darin nicht nur Gold und Silber, sondern auch weitere Dokumente und wertvolle historische Artefakte.

Felix und Herr Müller waren überglücklich über ihren Fund. Die Entdeckung des Schatzes war nicht nur eine Belohnung für ihre harte Arbeit, sondern auch ein wertvoller Beitrag zur Geschichte von

Neuendorf. Die gefundenen Dokumente und Artefakte wurden an das örtliche Museum übergeben, wo sie sorgfältig restauriert und der Öffentlichkeit präsentiert wurden.

Felix kehrte zufrieden zu Frau Schmidts Veranda zurück, wo er sich wieder auf seinem Korbstuhl niederließ. Die Abenteuer hatten ihn nicht nur reich an Erlebnissen gemacht, sondern auch eine besondere Verbindung zu den Menschen und zur Geschichte seiner Stadt geschaffen. In den folgenden Tagen wurde Felix als Held gefeiert, und die Geschichte seiner Schatzsuche wurde zu einer beliebten Erzählung in Neuendorf.

In der stillen Reflexion über das Abenteuer erkannte Felix, dass es nicht nur um den Schatz ging, den sie gefunden hatten, sondern auch um die Freude an der Entdeckung und den Wert der Zusammenarbeit. Die Geschichte von Felix, dem Kater, erinnerte die Bewohner von Neuendorf daran, dass Abenteuer und Freundschaft oft in den unerwartetsten Momenten zu finden sind.

So endeten die Abenteuer von Felix, dem Kater, mit einer Lektion, die alle in der kleinen Stadt Neuendorf zu schätzen wussten – dass es oft die kleinen, unerwarteten Reisen sind, die die größten Schätze im Leben offenbaren.

The Adventures of Felix the Cat

In the quaint town of Neuendorf lived an exceptionally extraordinary cat named Felix. Felix was no ordinary cat. His fur was an elegant gray that shimmered like silver, and his eyes had the color of molten gold. Despite his noble appearance, Felix was known for his down-to-earth nature and the fascinating adventures he regularly embarked on around town.

Neuendorf was characterized by idyllic beauty. It was small enough to be mostly quiet and peaceful, yet large enough to always offer something new. The townspeople greatly valued Felix and considered him almost like a member of their family. Everyone in town knew that Felix had a heart for adventure but also a keen eye for the everyday, which made him a special companion.

One sunny morning, Felix awoke in his favorite spot, an old wicker chair on the veranda of Mrs. Elsie Schmidt, a wealthy elderly lady who regularly provided him with fresh fish and an ear for his feline troubles. Mrs. Schmidt greatly appreciated Felix and knew that he was her best company. However, today Felix had a special feeling; it was a day for a new adventure.

Felix stretched out luxuriously, dropped to the ground, and began to attentively explore his surroundings. He decided to take a walk through the town, but not by the usual route along the quiet streets. Instead, he took the small path leading to an old, mysterious part of the town that most people had long overlooked.

The path led Felix to a small, hidden garden surrounded by dense shrubs and trees. Here, in this garden, a variety of plants and flowers grew, immediately captivating him. Felix stealthily maneuvered between the plants, his golden eyes sparkling with curiosity. Suddenly, he noticed a small, hidden door in the garden wall. The door was old and seemed to have been unopened for many years. Felix's sense of adventure was piqued.

With a mixture of determination and grace, Felix pushed the door open and found himself in a section of the garden completely unknown to him. This part of the garden was even more mysterious and enchanting. Rare plants grew here, and there was a scent of bygone times and hidden secrets. In the center of the garden stood a large, ancient tree with a sprawling canopy. Under the tree, Felix discovered something that caught his attention—a dusty, old chest.

Felix approached the chest with a sense of anticipation. He carefully pushed open the lid and found a collection of old letters and notes. The letters were written in very elegant handwriting and seemed to tell stories from a bygone era. Felix, though he had no understanding of human language, could sense that these letters held significance far beyond the present.

As Felix perused the letters, he suddenly heard a voice behind him. "Oh, what do we have here? An unexpected visitor in our garden?"

Felix turned around and saw a friendly, elderly gentleman making his way through the garden gate. It was Mr. Albert Müller, a former historian who had lived in Neuendorf many years ago and had recently returned to the town. Mr. Müller was known for his love of history and his curiosity about old mysteries.

"Good day, my little friend," Mr. Müller said as he spotted Felix. "I see you've found a treasure. May I join you?"

Felix purred in agreement and seemed to understand that Mr. Müller was someone who could provide more insight into the mysterious letters. The historian sat down next to Felix and began examining the letters.

"These letters are from the time of the First World War," Mr. Müller explained after a while. "They speak of an old family secret that was kept in Neuendorf. It appears to involve a hidden treasure map buried somewhere in our town."

Felix looked at Mr. Müller with curiosity. Although he did not understand what was going on, he was visibly interested in what would come next. Mr. Müller further explained that the letters might contain clues to the location of the treasure and that finding it would be quite an adventure.

Together, Felix and Mr. Müller set out to follow the clues from the letters. Their journey took them through the streets of Neuendorf, past old buildings and historical sites. They searched for additional clues that could help them decipher the treasure map.

Their quest eventually led them to an old bookstore on the edge of town. The bookstore was known for its rare and antique books and was run by the friendly but eccentric Mrs. Johanna Richter. Mrs. Richter was renowned for her care of her book collection's treasures and her extensive knowledge of old manuscripts and documents.

"Good day, Mrs. Richter," began Mr. Müller as they entered the bookstore. "We are searching for a specific clue that might help us unlock an old family secret. Do you happen to have anything that might be of assistance?"

Mrs. Richter smiled mysteriously and led them to a shelf of old and rare books. "Perhaps you'll find something useful here. Take a look at these books."

Felix and Mr. Müller browsed through the book shelves and eventually found an old book titled "The Hidden Treasures of Neuendorf." When they opened the book, they discovered a hand-drawn map that, at first glance, seemed like an ordinary piece of paper, but upon closer inspection, appeared to contain a clue to the treasure.

"This is it," said Mr. Müller excitedly. "This map seems to lead us to the place we are looking for. Let's find this location."

The clue on the map led them to an old, dilapidated building on the outskirts of town that had once been a school. The site was surrounded by tall grass and weathered walls that obscured the entrance. Felix and Mr. Müller fought their way through the undergrowth and eventually discovered a hidden door in the ground.

With great effort and patience, they opened the door and found an ancient, dusty chamber below. In the chamber was another chest, obviously unopened for many years. When they opened the chest, they discovered not only gold and silver but also additional documents and valuable historical artifacts.

Felix and Mr. Müller were overjoyed by their find. Discovering the treasure was not only a reward for their hard work but also a valuable contribution to the history of Neuendorf. The discovered documents and artifacts were handed over to the local museum, where they were carefully restored and presented to the public.

Felix returned contentedly to Mrs. Schmidt's veranda, where he resumed his place on the wicker chair. The adventures had not only enriched him with experiences but also established a special connection with the people and history of his town. In the following days, Felix was celebrated as a hero, and the story of his treasure hunt became a popular tale in Neuendorf.

In the quiet reflection on the adventure, Felix realized that it wasn't just about the treasure they had found but also about the joy of discovery and the value of collaboration. The story of Felix the Cat reminded the residents of Neuendorf that adventures and friendships are often found in the most unexpected moments.

Thus ended the adventures of Felix the Cat with a lesson that everyone in the small town of Neuendorf came to appreciate—that it is often the small, unexpected journeys that reveal the greatest treasures in life.

Die drei Schwestern von Kirchendorn

In der malerischen Stadt Kirchendorn, die von sanften Hügeln und dichten Wäldern umgeben war, lebten drei Schwestern, die so unterschiedlich wie die Jahreszeiten selbst waren. Sie hießen Anna, Martha und Elise und führten ein Leben, das ebenso abwechslungsreich wie die Landschaft ihrer Stadt war. Ihre Geschichte war eine, die von den kleinen Wundern des Alltags und den besonderen Bindungen innerhalb einer Familie erzählte.

Anna war die älteste der Schwestern und ihre Persönlichkeit spiegelte den Charakter des Frühlings wider. Sie war stets voller Energie und Enthusiasmus, und ihre Leidenschaft galt der Gartenarbeit. Ihr Garten war ein kleines Paradies, in dem Blumen in allen Farben blühten und der Duft von frisch geschnittenem Gras die Luft erfüllte. Anna war dafür bekannt, dass sie jedes Jahr den ersten Schnitt der Frühlingsblumen organisierte, ein Ereignis, das von der ganzen Stadt mit Freude erwartet wurde.

Martha, die mittlere Schwester, war eher wie der Sommer – warmherzig, pragmatisch und immer bereit, anderen zu helfen. Sie betrieb ein kleines Café im Herzen der Stadt, das für seine köstlichen Kuchen und aromatischen Kaffeespezialitäten bekannt war. Ihr Café war ein beliebter Treffpunkt für die Einwohner von Kirchendorn, die sich dort nicht nur verwöhnen ließen, sondern auch die herzliche Atmosphäre genossen, die Martha stets verbreitete.

Die jüngste Schwester, Elise, war die Winterliche, ruhig und nachdenklich. Sie arbeitete in der örtlichen Bibliothek und liebte es, durch die alten Seiten von Büchern zu blättern und Geschichten aus vergangenen Zeiten zu entdecken. Ihre ruhige Art machte sie zur vertrauten Ansprechpartnerin für die Menschen, die sich nach einem ruhigen Ort zum Nachdenken und Entspannen sehnten.

Eines Morgens, als die ersten Sonnenstrahlen durch die Fenster der kleinen Stadt strahlten, versammelten sich die drei Schwestern im Wohnzimmer von Annas Haus. Es war der Tag des alljährlichen Familienfrühstücks, eine Tradition, die sie trotz ihrer unterschiedlichen Lebensweisen stets gepflegt hatten.

„Guten Morgen, meine Lieben," sagte Anna, als sie in die Küche kam und sich an den Tisch setzte, der bereits mit frischen Croissants, duftendem Kaffee und einer Auswahl an Marmeladen gedeckt war.

„Guten Morgen, Anna," antwortete Martha, die gerade ein Tablett mit frisch gebackenem Brot und Käse auf den Tisch stellte. „Ich hoffe, du hast den Garten schon vorbereitet für das Frühlingsfest nächste Woche."

„Natürlich," lächelte Anna, „der Garten ist bereit. Ich freue mich schon darauf, die Blumen in voller Blüte zu sehen. Wie läuft es bei dir, Martha?"

„Oh, wie immer geschäftig," erwiderte Martha. „Das Café läuft gut, und ich bereite einige neue Rezepte für das kommende Wochenende vor. Es wird ein kleiner Überraschungstag für die Gäste."

Elise, die ruhig in ihren Stuhl gefallen war und ein Buch auf dem Tisch liegen hatte, lächelte sanft. „Ich habe auch etwas Neues in der Bibliothek entdeckt. Ein altes Tagebuch aus der Zeit des letzten Jahrhunderts. Es erzählt von einer geheimen Liebesgeschichte, die in Kirchendorn stattfand."

Die Schwestern waren sofort interessiert. „Erzähl uns mehr darüber, Elise," bat Anna neugierig.

Elise begann zu erzählen. „Das Tagebuch gehört einer Frau namens Clara, die in den 1920er Jahren hier lebte. Es scheint, dass sie eine verbotene Liebe hatte, die nicht nur ihre Welt, sondern auch die ihrer Familie erschütterte. Die Geschichten, die sie aufschrieb, sind faszinierend und voller Emotionen.“

„Das klingt wie ein aufregendes Abenteuer,“ meinte Martha. „Vielleicht sollten wir gemeinsam mehr darüber herausfinden. Es könnte eine interessante Geschichte für das nächste Familienfrühstück sein.“

Anna nickte zustimmend. „Das ist eine großartige Idee. Vielleicht können wir eine kleine Untersuchung starten und herausfinden, ob es noch weitere Spuren von Claras Geschichte gibt.“

So beschlossen die Schwestern, sich an diesem Wochenende auf eine Entdeckungsreise zu begeben. Sie teilten sich die Aufgaben: Anna würde in den Gartenarbeiten nach alten Schätzen suchen, Martha würde im Café nach Hinweisen forschen und Elise würde die Bibliothek gründlich durchsuchen.

Am Samstagnachmittag begann ihre Suche. Anna stieß auf einige alte, verstaubte Kisten im Garten, die von früheren Bewohnern stammen könnten. In einer Kiste fand sie eine Sammlung von alten Fotos und Briefen. Die Briefe waren an Clara adressiert und enthielten romantische, aber auch melancholische Nachrichten.

„Das ist bemerkenswert,“ sagte Anna, als sie die Briefe durchblätterte. „Es scheint, als ob Clara wirklich eine tiefe und komplizierte Beziehung hatte.“

Martha besuchte währenddessen einige der älteren Bürger von Kirchendorn, um mehr über die Geschichte von Clara herauszufinden. Sie sprach mit Frau Müller, einer alten Dame, die sich an die Zeit erinnern konnte, als Clara in der Stadt lebte. Frau Müller erzählte von den Gerüchten und dem Skandal, der Claras Beziehung betraf.

„Clara war eine außergewöhnliche Frau," sagte Frau Müller. „Ihre Liebe war ungewöhnlich, und ihre Geschichte hat viele Menschen bewegt. Es war eine Zeit, in der solche Beziehungen nicht akzeptiert wurden, und das führte zu vielen Schwierigkeiten."

In der Bibliothek, wo Elise unermüdlich nach weiteren Informationen suchte, fand sie schließlich ein weiteres Buch, das eine detaillierte Chronik der Stadtgeschichte enthielt. Es beschrieb die Ereignisse rund um Clara und ihre verbotene Liebe. Es stellte sich heraus, dass Clara und ihr Geliebter gezwungen waren, die Stadt zu verlassen, um ihrer Liebe Ausdruck zu verleihen und sich den gesellschaftlichen Normen zu entziehen.

Die Schwestern trafen sich am Sonntagabend wieder, um ihre Funde zu besprechen. „Das ist eine wunderbare Geschichte," sagte Elise. „Clara hat einen mutigen Schritt getan, um ihre Liebe zu leben, trotz der Hindernisse und Herausforderungen, die ihr begegneten."

„Es scheint, als ob Clara eine starke und bewundernswerte Frau war," fügte Anna hinzu. „Ihre Geschichte ist ein Beispiel für Mut und Hingabe."

„Vielleicht können wir die Geschichte von Clara in einem kleinen Buch festhalten," schlug Martha vor. „Es wäre eine schöne Möglichkeit, ihr Erbe zu bewahren und der Stadt etwas von ihrer Geschichte zurückzugeben."

Die Schwestern stimmten zu, dass dies eine ausgezeichnete Idee war. Gemeinsam begaben sie sich auf die Aufgabe, die Geschichte von Clara zu dokumentieren und ein kleines Buch darüber zu erstellen. Sie arbeiteten eng zusammen, um sicherzustellen, dass die Geschichte mit Respekt und Liebe erzählt wurde.

Als das Buch schließlich fertiggestellt war, organisierten die Schwestern eine kleine Veranstaltung in der Stadt, um es vorzustellen. Die Bürger von Kirchendorn waren begeistert von der Geschichte und erfreuten sich an den Details, die die Schwestern ans Licht gebracht hatten.

Claras Geschichte wurde nicht nur als romantisches Abenteuer gefeiert, sondern auch als Zeugnis für die Stärke und den Mut eines Einzelnen, die gesellschaftlichen Erwartungen herauszufordern. Die Veranstaltung brachte die Gemeinschaft zusammen und erinnerte alle daran, wie wichtig es ist, die Geschichte zu bewahren und die Geschichten der Menschen zu erzählen, die diese Stadt geprägt haben.

Für die drei Schwestern von Kirchendorn war die Entdeckung und Dokumentation von Claras Geschichte nicht nur ein Abenteuer, sondern auch eine wertvolle Lektion über die Kraft der Familie und die Bedeutung der Geschichte. Ihre gemeinsame Arbeit und ihr Engagement hatten nicht nur ein Stück Geschichte ans Licht gebracht, sondern auch die Bindungen zwischen ihnen gestärkt und ihnen neue Perspektiven eröffnet.

Die Geschichte von Clara wurde zu einem geschätzten Teil der Stadtgeschichte, und die Schwestern wurden für ihren Beitrag geehrt. Ihr Engagement für die Bewahrung von Geschichte und Traditionen trug dazu bei, Kirchendorn noch mehr zu einem Ort der Gemeinschaft und des Verständnisses zu machen.

So endeten die Abenteuer der drei Schwestern von Kirchendorn mit der Erkenntnis, dass es oft die gemeinsamen Anstrengungen und die Leidenschaft für die Geschichte sind, die uns zu einem besseren Verständnis unserer eigenen Vergangenheit und zu einem stärkeren Zusammenhalt in unserer Gemeinschaft führen. Die Geschichte von Clara erinnerte die Stadt daran, dass jeder von uns eine Geschichte hat, die es wert ist, erzählt zu werden, und dass die Liebe und der Mut von gestern uns heute inspirieren können.

The Three Sisters of Kirchendorn

In the picturesque town of Kirchendorn, surrounded by gentle hills and dense forests, lived three sisters who were as different from each other as the seasons themselves. Their names were Anna, Martha, and Elise, and their lives were as varied as the landscape of their town. Their story was one of the small wonders of daily life and the special bonds within a family.

Anna, the eldest sister, embodied the spirit of spring. She was always full of energy and enthusiasm, with a passion for gardening. Her garden was a little paradise where flowers bloomed in every color, and the scent of freshly cut grass filled the air. Anna was known for organizing the first spring flower cutting each year, an event eagerly anticipated by the whole town.

Martha, the middle sister, was more like summer—warm-hearted, practical, and always ready to help others. She ran a small café in the heart of the town, known for its delicious cakes and aromatic coffee specialties. Her café was a popular meeting spot for the townspeople, where they not only enjoyed the delectable treats but also the warm, inviting atmosphere Martha always fostered.

The youngest sister, Elise, was the embodiment of winter—quiet and contemplative. She worked at the local library and loved flipping through the old pages of books, discovering stories from bygone eras. Her calm demeanor made her a trusted confidante for those seeking a peaceful place to reflect and relax.

One morning, as the first rays of sunshine filtered through the windows of the small town, the three sisters gathered in Anna's living room. It was the day of their annual family breakfast, a tradition they had maintained despite their different lifestyles.

"Good morning, my dears," Anna said as she entered the kitchen and took her seat at the table, already set with fresh croissants, aromatic coffee, and an assortment of jams.

"Good morning, Anna," replied Martha, who was placing a tray with freshly baked bread and cheese on the table. "I hope you've already prepared the garden for the spring festival next week."

"Of course," Anna smiled. "The garden is ready. I'm looking forward to seeing the flowers in full bloom. How are things going with you, Martha?"

"Oh, as busy as ever," Martha responded. "The café is doing well, and I'm preparing some new recipes for the upcoming weekend. It will be a little surprise day for the guests."

Elise, who had quietly settled into her chair with a book on the table, smiled gently. "I've also discovered something new at the library. An old diary from the last century. It tells of a secret love story that took place in Kirchendorn."

The sisters were immediately intrigued. "Tell us more about it, Elise," Anna urged with curiosity.

Elise began to recount, "The diary belonged to a woman named Clara who lived here in the 1920s. It seems she had a forbidden love that not only shook her world but also that of her family. The stories she wrote are fascinating and full of emotion."

"That sounds like an exciting adventure," Martha commented. "Perhaps we should find out more about it together. It could make an interesting story for our next family breakfast."

Anna agreed. "That's a wonderful idea. Maybe we can start a small investigation and see if there are more traces of Clara's story."

So the sisters decided to embark on a discovery journey that weekend. They divided the tasks among themselves: Anna would search for old treasures in the garden, Martha would look for clues in the café, and Elise would thoroughly explore the library.

On Saturday afternoon, their search began. Anna came across some old, dusty boxes in the garden that might have belonged to former residents. In one of the boxes, she found a collection of old photos and letters. The letters were addressed to Clara and contained romantic yet melancholic messages.

"This is remarkable," Anna said as she flipped through the letters. "It seems Clara truly had a deep and complex relationship."

Martha, meanwhile, visited some of the town's older residents to learn more about Clara's story. She spoke with Mrs. Müller, an elderly lady who remembered the time when Clara lived in the town. Mrs. Müller spoke of the rumors and scandals surrounding Clara's relationship.

"Clara was an extraordinary woman," said Mrs. Müller. "Her love was unusual, and her story touched many people. It was a time when such relationships were not accepted, leading to many difficulties."

At the library, Elise, who was tirelessly searching for more information, eventually found another book detailing the town's history. It described the events surrounding Clara and her forbidden love. It turned out that Clara and her lover had been forced to leave town to express their love and escape societal norms.

The sisters reconvened on Sunday evening to discuss their findings. "This is a wonderful story," Elise said. "Clara took a courageous step to live her love despite the obstacles and challenges she faced."

"It seems Clara was a strong and admirable woman," Anna added. "Her story is an example of courage and devotion."

"Maybe we should document Clara's story in a small book," Martha suggested. "It would be a lovely way to preserve her legacy and give something back to the town."

The sisters agreed that this was an excellent idea. They set out together to document Clara's story and create a small book about it. They worked closely to ensure that the story was told with respect and love.

When the book was finally completed, the sisters organized a small event in town to present it. The people of Kirchendorn were thrilled with the story and enjoyed the details the sisters had uncovered.

Clara's story was celebrated not only as a romantic adventure but also as a testament to the strength and courage of an individual challenging societal expectations. The event brought the community together and reminded everyone of the importance of preserving history and telling the stories of those who shaped their town.

For the three sisters of Kirchendorn, discovering and documenting Clara's story was not just an adventure but also a valuable lesson about the power of family and the significance of history. Their collective effort and dedication had not only uncovered a piece of history but also strengthened their bonds and opened new perspectives.

Clara's story became a cherished part of the town's history, and the sisters were honored for their contribution. Their commitment to preserving history and traditions helped make Kirchendorn an even more connected and understanding place.

Thus, the adventures of the three sisters of Kirchendorn ended with the realization that it is often our shared efforts and passion for history that lead to a better understanding of our past and a stronger sense of community. Clara's story reminded the town that everyone has a story worth telling, and the love and courage of yesterday can inspire us today.

51

Der Kaffee, der Geschichten erzählte

In der charmanten Stadt Bielefeld, die von sanften Hügeln und alten Eichen umgeben war, gab es ein kleines, verstecktes Café, das von vielen als das Herzstück der Gemeinde angesehen wurde. Das Café hieß „Kaffeekunst" und war bekannt für seine exquisiten Kaffeesorten und die gemütliche Atmosphäre, die die Gäste sofort willkommen hieß. Doch was das Café wirklich besonders machte, war nicht nur der Kaffee, sondern auch eine ganz besondere Tasse, die eine Geschichte zu erzählen hatte.

Die Tasse war ein handbemaltes Unikat, das über dem Kamin des Cafés hing. Auf ihrer Oberfläche waren kunstvolle Blumenmuster und kleine Szenen aus der Stadtgeschichte gemalt. Niemand wusste genau, wie alt die Tasse war oder wer sie gemalt hatte, aber sie war ein vertrauter Anblick für alle Stammgäste. Jeder, der das Café betrat, konnte nicht umhin, sich nach der Tasse umzusehen und sich zu fragen, welche Geheimnisse sie wohl barg.

Eines regnerischen Nachmittags, als die Sonne sich hinter dichten Wolken versteckte und der Duft von frisch gebrühtem Kaffee durch die Luft zog, betrat eine alte Dame namens Frau Helene das Café. Frau Helene war bekannt für ihre Liebe zum Kaffee und ihre Neugier auf die kleinen Geheimnisse des Lebens. Sie setzte sich an ihren gewohnten Platz am Fenster und bat um ihren täglichen Kaffee – einen doppelten Espresso mit einem Hauch Zimt.

Der Besitzer des Cafés, Herr Wilhelm, ein freundlicher und etwas weiser Mann, bereitete den Kaffee mit der gewohnten Sorgfalt zu. Während er den Espresso zubereitete, sprach er mit Frau Helene über die Tasse.

„Wissen Sie, Frau Helene,“ begann Herr Wilhelm, „es gibt eine alte Geschichte über diese Tasse, die ich Ihnen noch nicht erzählt habe.“

Frau Helene, die immer für eine gute Geschichte zu haben war, lehnte sich interessiert zurück. „Oh, erzählen Sie mir bitte mehr.“

„Nun, es wird gesagt,“ fuhr Herr Wilhelm fort, „dass diese Tasse einst einer besonderen Frau gehörte, einer Künstlerin namens Clara. Clara lebte hier vor vielen Jahren, und ihr Talent war in der Stadt weithin bekannt. Sie war nicht nur eine begabte Malerin, sondern auch eine große Kaffeeliebhaberin.“

„Interessant,“ murmelte Frau Helene und nippte an ihrem Espresso. „Und was ist mit Clara passiert?“

Herr Wilhelm lächelte geheimnisvoll. „Es wird erzählt, dass Clara die Tasse für ihren besonderen Kaffee entworfen hat. Jedes Mal, wenn sie in diese Tasse Kaffee eingoss, schien sie nicht nur einen Getränk zu genießen, sondern auch eine Geschichte zu erleben. Die Tasse war für sie eine Art Portal zu den Erinnerungen und Erlebnissen der Stadt.“

Frau Helene schien fasziniert von der Idee. „Wie konnte die Tasse so etwas tun?“

„Nun,“ erklärte Herr Wilhelm, „es gibt Geschichten, dass Clara beim Trinken aus dieser Tasse Visionen von Ereignissen aus der Vergangenheit hatte. Sie konnte sehen, wie die Stadt sich über die Jahre verändert hat, die Menschen, die hier gelebt haben, und die kleinen, aber bedeutenden Momente, die das Leben in Bielefeld prägten.“

Frau Helene, die von der Geschichte begeistert war, fragte weiter: „Und hat Clara ihre Visionen in ihren Bildern festgehalten?“

„Ja,“ bestätigte Herr Wilhelm. „Viele ihrer Werke sind Szenen aus diesen Visionen. Einige ihrer Bilder zeigen das alte Rathaus, das vor vielen

Jahren abgerissen wurde, oder eine lebhafte Marktstraße, die jetzt nur noch in Erzählungen existiert."

Die Geschichte von Clara und ihrer magischen Tasse fesselte Frau Helene so sehr, dass sie beschloss, mehr über diese geheimnisvolle Künstlerin herauszufinden. Über die nächsten Wochen hinweg verbrachte Frau Helene ihre Nachmittage im Café und sprach mit Herrn Wilhelm über alle Details der Geschichte, die sie herausfinden konnte.

Während ihrer Nachforschungen entdeckte Frau Helene, dass Clara nicht nur eine talentierte Malerin war, sondern auch eine einfühlsame Erzählerin. Sie hatte die Geschichten und Erinnerungen der Stadtbewohner eingefangen und in ihren Gemälden verewigt. Clara hatte sogar ein kleines Tagebuch geführt, in dem sie ihre Erfahrungen und die Visionen, die ihr die Tasse offenbarte, aufschrieb.

Eines Tages, als Frau Helene im Café saß und sich durch die Seiten des Tagebuchs von Clara las, kam ein junger Mann namens Lukas ins Café. Lukas war ein Historiker, der gerade dabei war, eine Dissertation über die Geschichte von Bielefeld zu schreiben. Er war auf der Suche nach alten Dokumenten und Geschichten, die seine Arbeit bereichern könnten.

Frau Helene, die bereits eine enge Beziehung zu Herrn Wilhelm aufgebaut hatte, sprach mit ihm über die faszinierende Geschichte der Tasse und die Malerin Clara. Lukas war sofort interessiert und wollte mehr über die Tagebücher erfahren.

„Wenn Clara tatsächlich Visionen hatte," sagte Lukas aufgeregt, „dann könnte ihr Tagebuch wertvolle Einblicke in die Geschichte von Bielefeld geben. Es könnte die Grundlage für ein ganz neues Verständnis unserer Stadtgeschichte sein."

Frau Helene stimmte zu und gemeinsam mit Lukas begann sie, die Tagebücher von Clara zu untersuchen. Sie fanden heraus, dass Clara in ihren Visionen nicht nur wichtige historische Ereignisse beschrieben hatte, sondern auch persönliche Geschichten der Menschen aus Bielefeld aufzeichnete.

Mit der Zeit entdeckten sie, dass Clara eine ganz besondere Verbindung zu den Menschen der Stadt hatte. Sie verstand ihre Sorgen, ihre Freuden und die kleinen Alltagsmomente, die das Leben in Bielefeld ausmachten. Die Visionen aus der Tasse schienen eine Brücke zwischen Vergangenheit und Gegenwart zu schlagen, und Clara nutzte diese Verbindung, um die Erinnerungen der Menschen festzuhalten.

Als Lukas und Frau Helene die Geheimnisse von Claras Tagebuch weiter erforschten, entschieden sie sich, ihre Entdeckungen in einem Buch zusammenzufassen. Sie wollten die Geschichte von Clara und ihrer magischen Tasse der Welt präsentieren und die Bedeutung ihrer Werke und Visionen für die Stadtgeschichte von Bielefeld würdigen.

Das Buch, das sie schrieben, trug den Titel „Der Kaffee, der Geschichten erzählte: Die Geheimnisse der Tasse von Bielefeld" und wurde zu einem Bestseller. Es war ein faszinierendes Werk, das nicht nur die Geschichte einer außergewöhnlichen Künstlerin erzählte, sondern auch die Verbindung zwischen den Menschen und ihren Erinnerungen beleuchtete.

Die Veröffentlichung des Buches führte zu einer großen Feier im Café „Kaffeekunst", wo das Café für seine Rolle bei der Entdeckung und Bewahrung von Claras Geschichte geehrt wurde. Die Feier zog Menschen aus der ganzen Stadt und darüber hinaus an, die neugierig auf die Geschichte der magischen Tasse und der geheimnisvollen Malerin waren.

Frau Helene und Lukas hielten eine bewegende Rede über ihre Entdeckungen und die Bedeutung der Geschichten, die die Menschen miteinander verbinden. Herr Wilhelm, der stolz auf das Erbe seines

Cafés war, überreichte jedem Gast eine kleine Reproduktion der berühmten Tasse, um die Erinnerung an Clara und ihre Geschichte zu ehren.

Die Tasse hing weiterhin über dem Kamin im Café „Kaffeekunst", aber jetzt war sie nicht nur ein dekoratives Stück, sondern ein Symbol für die Kraft der Geschichten und Erinnerungen. Die Menschen kamen nicht nur für den Kaffee ins Café, sondern auch, um die Tasse zu sehen und sich von der Magie der Geschichten inspirieren zu lassen, die sie erzählte.

Für Frau Helene, Lukas und Herrn Wilhelm war die Reise durch die Geschichte von Clara und ihrer Tasse eine Erinnerung daran, wie wichtig es ist, die Vergangenheit zu erforschen und die Geschichten zu erzählen, die die Menschen geprägt haben. Die Entdeckung der Geheimnisse von Claras Tasse und die Veröffentlichung des Buches hatten nicht nur die Geschichte der Stadt bereichert, sondern auch eine tiefere Verbindung zwischen den Menschen geschaffen.

Die Geschichte von Clara und ihrer Tasse wurde zu einem geschätzten Teil der Stadtgeschichte von Bielefeld, und die Menschen kamen zusammen, um die Magie des Kaffees und der Geschichten zu feiern. Die Tasse, die Geschichten erzählte, erinnerte die Stadt daran, dass jeder Kaffee, der mit Liebe und Leidenschaft zubereitet wird, auch eine Geschichte erzählen kann, die es wert ist, gehört zu werden.

The Coffee That Told Stories

In the charming city of Bielefeld, surrounded by gentle hills and ancient oaks, there was a small, hidden café considered the heart of the community by many. The café was called "Kaffeekunst" and was known for its exquisite coffee varieties and the cozy atmosphere that immediately made guests feel welcome. But what made the café truly special was not just the coffee but also a unique cup that had a story to tell.

The cup was a hand-painted one-of-a-kind piece, hanging above the café's fireplace. Its surface was adorned with intricate floral patterns and small scenes from the town's history. No one knew exactly how old the cup was or who had painted it, but it was a familiar sight for all the regulars. Anyone who entered the café couldn't help but glance at the cup and wonder what secrets it might hold.

On a rainy afternoon, when the sun hid behind thick clouds and the aroma of freshly brewed coffee filled the air, an elderly lady named Mrs. Helene entered the café. Mrs. Helene was known for her love of coffee and her curiosity about life's small mysteries. She settled into her usual spot by the window and asked for her daily coffee – a double espresso with a hint of cinnamon.

The café's owner, Mr. Wilhelm, a kind and somewhat wise man, prepared the coffee with his usual care. As he made the espresso, he spoke to Mrs. Helene about the cup.

"You know, Mrs. Helene," Mr. Wilhelm began, "there's an old story about this cup that I haven't told you yet."

Mrs. Helene, always up for a good story, leaned back in her chair with interest. "Oh, please tell me more."

"Well," continued Mr. Wilhelm, "it's said that this cup once belonged to a special woman, an artist named Clara. Clara lived here many years ago, and her talent was well known throughout the town. She was not only a gifted painter but also a great lover of coffee."

"That's intriguing," murmured Mrs. Helene, sipping her espresso. "And what happened to Clara?"

Mr. Wilhelm smiled mysteriously. "Legend has it that Clara designed the cup for her special coffee. Every time she poured coffee into this cup, it seemed she didn't just enjoy a beverage, but also experienced a story. The cup was like a portal to the memories and experiences of the town."

Mrs. Helene seemed fascinated by the idea. "How could the cup do that?"

"Well," explained Mr. Wilhelm, "there are tales that Clara would have visions of past events while drinking from this cup. She could see how the town changed over the years, the people who lived here, and the small but significant moments that shaped life in Bielefeld."

Mrs. Helene, enthralled by the story, asked further, "Did Clara capture her visions in her paintings?"

"Yes," Mr. Wilhelm confirmed. "Many of her works are scenes from these visions. Some of her paintings depict the old town hall that was demolished many years ago or a bustling marketplace that now exists only in stories."

The story of Clara and her magical cup captivated Mrs. Helene so much that she decided to learn more about the mysterious artist. Over the following weeks, Mrs. Helene spent her afternoons at the café, discussing every detail of the story she could uncover with Mr. Wilhelm.

During her research, Mrs. Helene discovered that Clara was not only a talented painter but also a compassionate storyteller. She had captured the stories and memories of the city's residents in her paintings. Clara had even kept a small diary in which she recorded her experiences and the visions revealed by the cup.

One day, while Mrs. Helene was at the café reading Clara's diary, a young man named Lukas entered the café. Lukas was a historian working on a dissertation about Bielefeld's history. He was looking for old documents and stories that could enrich his research.

Mrs. Helene, having built a close relationship with Mr. Wilhelm, spoke with Lukas about the fascinating story of the cup and the painter Clara. Lukas was immediately interested and wanted to learn more about the diaries.

"If Clara really had visions," Lukas said excitedly, "then her diary could provide valuable insights into Bielefeld's history. It could form the basis for a whole new understanding of our town's past."

Mrs. Helene agreed, and together with Lukas, she began to explore Clara's diaries. They discovered that Clara had not only described significant historical events in her visions but also recorded personal stories of Bielefeld's residents.

As Lukas and Mrs. Helene delved deeper into the secrets of Clara's diary, they decided to compile their findings into a book. They wanted to present the story of Clara and her magical cup to the world and honor the significance of her works and visions for Bielefeld's history.

The book they wrote was titled "The Coffee That Told Stories: The Secrets of the Bielefeld Cup" and became a bestseller. It was a fascinating work that not only told the story of an extraordinary artist but also highlighted the connection between people and their memories.

The publication of the book led to a grand celebration at the "Kaffeekunst" café, where the café was honored for its role in discovering and preserving Clara's story. The celebration drew people from the whole city and beyond, eager to learn about the magical cup and the mysterious artist.

Mrs. Helene and Lukas gave an evocative speech about their discoveries and the importance of stories that connect people. Mr. Wilhelm, proud of his café's legacy, presented each guest with a small reproduction of the famous cup to honor Clara and her story.

The cup continued to hang above the fireplace in the "Kaffeekunst" café, but now it was not just a decorative piece; it was a symbol of the power of stories and memories. People came to the café not only for the coffee but also to see the cup and be inspired by the magic of the stories it told.

For Mrs. Helene, Lukas, and Mr. Wilhelm, the journey through Clara's story and her cup was a reminder of the importance of exploring the past and telling the stories that shape people's lives. The discovery of the secrets of Clara's cup and the publication of the book had not only enriched the town's history but also created a deeper connection among its people.

The story of Clara and her cup became a cherished part of Bielefeld's history, and people came together to celebrate the magic of coffee and stories. The cup that told stories reminded the city that every coffee brewed with love and passion could also tell a story worth hearing.

Die Klavierstunde der verlorenen Melodien

In der malerischen Stadt Freiburg, wo die sanften Hügel sanft in die Stadtlandschaft übergingen und die alten Fachwerkhäuser Geschichten aus vergangener Zeit erzählten, gab es eine besondere Klavierlehrerin namens Frau Bärbel Schmidt. Ihr Klavierstudio war in einem charmanten alten Haus untergebracht, dessen Wände von den vielen Jahren des musikalischen Schaffens erzählten. Frau Schmidt war bekannt für ihre Geduld und ihre Fähigkeit, aus jeder Note eine Geschichte zu machen. Doch diese Geschichte beginnt nicht mit einem gewöhnlichen Klavierunterricht, sondern mit einem ganz besonderen Tag.

Es war ein kühler Herbstmorgen, als ein neuer Schüler, ein kleiner Junge namens Leo, zum ersten Mal das Klavierstudio von Frau Schmidt betrat. Leo war ein schüchterner Junge von acht Jahren, der mit einer Mischung aus Nervosität und Neugier in das Studio kam. Seine Mutter, Frau Müller, begleitete ihn und half ihm, sich in der neuen Umgebung zurechtzufinden.

„Guten Morgen, Leo," sagte Frau Schmidt mit einem warmen Lächeln, als sie die Tür öffnete. „Kommen Sie bitte herein. Ich habe bereits alles vorbereitet."

Leo trat vorsichtig ein und ließ seinen Blick über den Raum schweifen. Die Wände waren mit Notenblättern, alten Klavierpartituren und Bildern berühmter Komponisten geschmückt. In der Ecke des Raumes stand das Klavier, glänzend und einladend.

„Ich hoffe, Sie haben keine Angst vor dem Klavier," sagte Frau Schmidt
freundlich, während sie Leo zu dem großen Instrument führte.

„Nicht wirklich," antwortete Leo, dessen Stimme ein wenig zitterte. „Ich
habe nur nie zuvor Klavier gespielt."

Frau Schmidt lächelte beruhigend. „Keine Sorge, Leo. Jeder fängt einmal
an. Heute werden wir gemeinsam eine kleine Reise durch die Welt der
Musik machen. Ich bin mir sicher, dass du das Klavier lieben wirst."

Während des ersten Unterrichts nahm Frau Schmidt Leo behutsam an
die Hand und begann, ihm die Grundlagen des Klavierspiels zu erklären.
Leo lernte die Namen der Tasten, die Grundlagen des Notenlesens und
die einfache Technik, die nötig war, um die ersten Melodien zu spielen.
Frau Schmidt wählte ein einfaches Stück aus, das Leo leicht nachspielen
konnte, und bald darauf erfüllte die sanfte Musik den Raum.

Leo war fasziniert von den Klängen, die das Klavier erzeugte. Es war,
als ob das Instrument in der Lage war, seine Emotionen auf eine Weise
auszudrücken, die Worte nicht vermochten. Frau Schmidt erkannte, dass
Leo eine besondere Verbindung zur Musik hatte, und das freute sie sehr.

„Das machst du ganz hervorragend, Leo," lobte Frau Schmidt, als Leo das
Stück erfolgreich abgeschlossen hatte. „Aber ich habe das Gefühl, dass
du etwas mehr über die Musik erfahren möchtest. Stimmt das?"

Leo nickte begeistert. „Ja, ich möchte wissen, wie man richtige Lieder
spielt und wie man seine eigenen Melodien erfindet."

„Nun, das ist eine wunderbare Einstellung," sagte Frau Schmidt. „Lass
uns gemeinsam herausfinden, wie wir deine musikalischen Ideen zum
Leben erwecken können."

In den folgenden Wochen entwickelte sich der Klavierunterricht für
Leo zu einer faszinierenden Reise. Frau Schmidt brachte ihm nicht nur

die Technik bei, sondern auch die Kunst des Komponierens und die Bedeutung der Ausdruckskraft in der Musik. Leo begann, eigene kleine Melodien zu komponieren und experimentierte mit verschiedenen Harmonien und Rhythmen.

Eines Tages, als die Blätter draußen in warmen Gold- und Rottönen leuchteten, brachte Leo ein Stück zu Frau Schmidt, das er selbst komponiert hatte. Er war aufgeregt und ein wenig nervös, als er das Blatt Papier mit der Notation vor Frau Schmidt ausbreitete.

„Ich habe es ‚Der verlorene Traum' genannt," sagte Leo. „Es ist ein Lied, das ich über einen Traum geschrieben habe, den ich hatte."

Frau Schmidt nahm sich Zeit, um das Stück anzuhören und die Noten durchzusehen. Die Melodie war sanft und melancholisch, und die Harmonien waren überraschend komplex für einen so jungen Komponisten. Frau Schmidt war beeindruckt von Leos Talent und der Tiefe seines Ausdrucks.

„Leo, das ist ein sehr schönes Stück," sagte Frau Schmidt. „Es erzählt eine bewegende Geschichte und zeigt, dass du wirklich eine Verbindung zur Musik hast. Ich möchte, dass du das Stück weiterhin verfeinerst und es bei unserem nächsten Konzert spielst."

Leo war überglücklich und ein wenig aufgeregt bei dem Gedanken, sein Stück vor Publikum zu spielen. Frau Schmidt half ihm, sein Stück weiterzuentwickeln und bereitete ihn auf die Aufführung vor. Sie sorgte dafür, dass er sich wohlfühlte und Vertrauen in sein Können hatte.

Die Tage vergingen schnell, und bald war der Tag des Konzerts gekommen. Das Klavierstudio war festlich geschmückt, und Familie, Freunde und die Mitglieder der örtlichen Gemeinschaft versammelten sich, um den jungen Talenten zuzuhören. Leo saß nervös auf seinem Platz, seine Finger zitterten ein wenig vor Aufregung.

Als es endlich Zeit war, Leo auf die Bühne zu rufen, trat er vorsichtig vor und setzte sich an das Klavier. Die Menschen im Raum schwiegen gespannt, als er die ersten Töne von „Der verlorene Traum" anschlug. Die Musik erfüllte den Raum mit einer sanften Melancholie, und die Zuhörer waren sofort in den Bann der Melodie gezogen.

Leos Performance war magisch. Die Noten, die er selbst geschrieben hatte, flossen geschmeidig und klar, und die Emotionen, die er in die Musik gelegt hatte, waren spürbar. Als er das Stück beendet hatte, gab es einen Moment der Stille, gefolgt von begeistertem Applaus.

Nach dem Konzert, als Leo und Frau Schmidt den Raum verließen, war Leo überglücklich und voller Stolz. „Das war unglaublich," sagte er. „Ich hätte nie gedacht, dass ich so etwas tun könnte."

Frau Schmidt lächelte ihm zu. „Du hast es großartig gemacht, Leo. Deine Musik hat die Herzen der Menschen berührt. Es ist das Ergebnis deiner harten Arbeit und deiner Leidenschaft für das Klavier."

In den folgenden Monaten arbeitete Leo weiter an seiner Musik und wuchs sowohl als Musiker als auch als Mensch. Frau Schmidt war stolz auf die Fortschritte, die er gemacht hatte, und genoss die Zeit, die sie mit ihm verbrachte. Sie wusste, dass Leo eine besondere Gabe hatte und freute sich darauf, seine weitere Entwicklung zu begleiten.

So endete die Geschichte von Leo und seiner ersten Klavierstunde, die zu einem großartigen Abenteuer in der Welt der Musik führte. Es war eine Geschichte von Entdeckung, Leidenschaft und dem unaufhörlichen Streben nach den verlorenen Melodien, die in jedem von uns verborgen sind.

The Piano Lesson of Lost Melodies

In the picturesque town of Freiburg, where gentle hills merged softly into the townscape and the old half-timbered houses told stories from times gone by, there was a special piano teacher named Ms. Bärbel Schmidt. Her piano studio was located in a charming old house whose walls spoke of many years of musical creation. Ms. Schmidt was renowned for her patience and her ability to turn every note into a story. But this story doesn't start with an ordinary piano lesson, but with a very special day.

It was a cool autumn morning when a new student, a little boy named Leo, entered Ms. Schmidt's piano studio for the first time. Leo was a shy eight-year-old boy who came to the studio with a mixture of nervousness and curiosity. His mother, Mrs. Müller, accompanied him and helped him get settled in the new environment.

"Good morning, Leo," Ms. Schmidt said with a warm smile as she opened the door. "Please come in. I've already prepared everything."

Leo stepped in cautiously and looked around the room. The walls were decorated with sheet music, old piano scores, and pictures of famous composers. In the corner of the room stood the piano, shining and inviting.

"I hope you're not afraid of the piano," Ms. Schmidt said kindly as she led Leo to the large instrument.

"Not really," Leo replied, his voice trembling a little. "I've just never played the piano before."

Ms. Schmidt smiled reassuringly. "Don't worry, Leo. Everyone starts somewhere. Today, we'll take a little journey through the world of music together. I'm sure you'll come to love the piano."

During the first lesson, Ms. Schmidt gently guided Leo through the basics of piano playing. Leo learned the names of the keys, the basics of reading music, and the simple techniques needed to play his first melodies. Ms. Schmidt chose a simple piece for Leo to play, and soon the room was filled with the gentle sound of music.

Leo was fascinated by the sounds the piano produced. It was as though the instrument could express his emotions in a way that words could not. Ms. Schmidt noticed that Leo had a special connection to the music, and she was delighted.

"You're doing wonderfully, Leo," Ms. Schmidt praised him as he successfully completed the piece. "But I have a feeling you want to learn more about music. Am I right?"

Leo nodded enthusiastically. "Yes, I want to learn how to play real songs and how to create my own melodies."

"Well, that's a wonderful attitude," said Ms. Schmidt. "Let's find out together how we can bring your musical ideas to life."

Over the following weeks, Leo's piano lessons turned into a fascinating journey. Ms. Schmidt taught him not only the technique but also the art of composing and the importance of expression in music. Leo began to compose his own little melodies and experimented with different harmonies and rhythms.

One day, as the leaves outside glowed in warm gold and red tones, Leo brought a piece he had composed himself to Ms. Schmidt. He was excited and a bit nervous as he spread the sheet of music with the notation before Ms. Schmidt.

"I've called it 'The Lost Dream,'" Leo said. "It's a song I wrote about a dream I had."

Ms. Schmidt took her time to listen to the piece and review the notes. The melody was soft and melancholic, and the harmonies were surprisingly complex for such a young composer. Ms. Schmidt was impressed by Leo's talent and the depth of his expression.

"Leo, this is a very beautiful piece," Ms. Schmidt said. "It tells a moving story and shows that you really have a connection to the music. I want you to continue refining this piece and perform it at our next concert."

Leo was thrilled and a little excited at the thought of playing his piece in front of an audience. Ms. Schmidt helped him develop his composition further and prepared him for the performance. She made sure he felt comfortable and confident in his abilities.

The days passed quickly, and soon the day of the concert arrived. The piano studio was festively decorated, and family, friends, and members of the local community gathered to listen to the young talents. Leo sat nervously in his seat, his fingers trembling a little with excitement.

When it was finally time to call Leo to the stage, he stepped cautiously forward and sat at the piano. The people in the room fell silent as he began to play the first notes of "The Lost Dream." The music filled the room with a gentle melancholy, and the listeners were immediately captivated by the melody.

Leo's performance was magical. The notes he had written flowed smoothly and clearly, and the emotions he had infused into the music were palpable. When he finished the piece, there was a moment of silence followed by enthusiastic applause.

After the concert, as Leo and Ms. Schmidt left the room, Leo was overjoyed and full of pride. "That was amazing," he said. "I never thought I could do something like that."

Ms. Schmidt smiled at him. "You did a fantastic job, Leo. Your music touched people's hearts. It's the result of your hard work and your passion for the piano."

In the following months, Leo continued to work on his music and grew both as a musician and as a person. Ms. Schmidt was proud of the progress he had made and enjoyed the time she spent with him. She knew that Leo had a special gift and looked forward to supporting his further development.

Thus ended the story of Leo and his first piano lesson, which led to a grand adventure in the world of music. It was a story of discovery, passion, and the endless pursuit of the lost melodies that are hidden within each of us.

www.ingramcontent.com/pod-product-compliance
Lightning Source LLC
Chambersburg PA
CBHW061622130726
47996CB00003B/1088